KENNETH COPELAND

DESCUBRE LA VERDADERA CAUSA
DE TUS PROBLEMAS

CONOCE
A TU
ENEMIGO

JESÚS ES EL SEÑOR

PUBLICACIONES
KENNETH
COPELAND

Conoce a tu enemigo

Descubre la verdadera causa de tus problemas

Know Your Enemy—Unveiling Your Real Source of Trouble
Previously published as The Troublemaker

ISBN 978-1-57562-896-7   30-0063S

19 18 17 16 15 14   7 6 5 4 3 2

Traducido y editado por el departamento hispano de KCM.

© 1978 Eagle Mountain International Church Inc., también conocida como Kenneth Copeland Publications

© 2012 Kenneth Copeland

Publicaciones Kenneth Copeland
Fort Worth, TX 76192-0001

Para obtener más información acerca de los Ministerios Kenneth Copeland, visita es.kcm.org, o llama al 1-800-600-7395 (EE.UU.) ó al +1-817-852-6000 (Internacional). Nuestros ministros de habla hispana están esperando tu llamada.

Índice

Kenneth Copeland

Una vez en México, asistí a una corrida de toros que me impresionó: El toro no sabía quién era su enemigo; creía que era la capa roja. Recuerdo que pensé: Si el toro se diera cuenta cuál es la fuente de su problema, ese torero no tendría oportunidad de escapar.

Mientras viajo y comparto con cristianos de todo el mundo, es evidente que muchos de ellos son como ese pobre toro. Pelean contra "la capa roja", en lugar de ir a la raíz de sus problemas. Luchan contra el problema, y no contra el que causa los problemas —el verdadero enemigo.

¿Quién es ese enemigo? ¿Quién es la verdadera fuente de todos tus problemas —ya sean espirituales, mentales, físicos, sociales o financieros—? De saberlo, no lucharías contra "la capa roja" que representan tus problemas, sino que eliminarías la verdadera causa de ellos. Así como la fuerza del torero no se puede comparar con la de un toro amenazante y feroz, "el poder" del que causa problemas no se puede comparar con el de un creyente que pelea usando toda la armadura y el poderío del armamento de Dios.

He preparado este libro para ayudarte justamente con eso. Entonces, prepárate. ¡Estás a punto de causarle un gran problema a tu enemigo!

CAPÍTULO 1

¿Quién es tu enemigo?

¿Quién es tu enemigo?

Los problemas parecen ser parte de la vida tanto como lo es el respirar. Todas las personas enfrentan dificultades en algún punto de sus vidas. Y nuestra naturaleza humana siempre quiere culpar a alguien más por los problemas. Todo comenzó en el huerto del Edén. Tan pronto Adán tuvo que explicarle a Dios su desobediencia. ¡Él apuntó su dedo acusador contra su esposa! Cuando Dios le dijo: "Adán, ¿has comido del fruto del árbol prohibido? Él respondió: ¡La mujer que me has dado, me dio del fruto del árbol y comí! No fue idea *mía*" (*la paráfrasis es mía*).

Cuando los problemas surgen, lo más natural es culpar a alguien o a algo. Tristemente, la mayoría de las veces, muchos cristianos han acusado falsamente a Dios de ser la causa de sus problemas. El engaño N° 1 que se ha sembrado en la Iglesia moderna es el siguiente: nuestros problemas, nuestras enfermedades y nuestras tentaciones las envía Dios para enseñarnos algo. Esta mentira afirma que las pruebas y las tribulaciones son herramientas que Dios utiliza para desarrollar y fortalecer nuestro carácter. Lo peor de este engaño es que se ha llegado al extremo de hacerle creer a las personas que el Señor es el autor de nuestros problemas, o que Él es quien nos enferma con el propósito de darnos una lección.

El principio de la vida cristiana es saber que Dios puso nuestros pecados, nuestras enfermedades, nuestras dolencias, nuestras penas, nuestro dolor y nuestra pobreza sobre Jesús en el Calvario.

Esto es absolutamente contrario a la Palabra de Dios. ¿Por qué? Porque el principio de la vida cristiana es saber que Dios puso nuestros pecados, nuestras enfermedades, nuestras dolencias, nuestras penas, nuestro dolor y nuestra pobreza sobre el propio Jesús en el Calvario. Para Dios, poner cualquiera de estas cosas sobre nosotros, ya sea para enseñarnos o para fortalecer nuestra fe, sería una pérdida de Su justicia. Creer que Dios tiene un propósito con las enfermedades que sufres simplemente significaría que Jesús llevó las enfermedades en vano. ¡Qué insulto tan grande contra el amor, el cuidado y la compasión que Él tiene por ti!

Para determinar a quién le corresponde la culpa, necesitamos una nueva revelación acerca de la verdadera fuente del problema. Y la única forma de recibir esa revelación es discerniendo correctamente la Palabra de Verdad. En Santiago 1:8 leemos que una persona que titubea (o de doble ánimo) es inconstante en todo lo que hace; y en Lucas 11:17, Jesús afirma que una casa dividida contra sí misma, no prevalecerá. Por tanto, si una persona piensa, imagina, supone o de cualquier manera tiene la idea de que Dios se encuentra detrás de sus problemas —ya sea

Necesitamos una revelación fresca de quién es la verdadera fuente del problema.

pensando que Él los permite o que los provoca— jamás los resistirá. Y si trata de resistirlos, ciertamente fracasará, pues su indecisión le dará a Satanás lo que necesita para derrotarlo.

En el ámbito espiritual existe un rival, un tramposo, un adversario de Dios que sabe bien lo que hace. No obstante, también existe la armadura de Dios, la Palabra y el poder para derrotar a ese adversario. La Biblia dice que si resistes al diablo, él huirá de ti (Santiago 4:7). Sin embargo, cuando alguien se halla indeciso —sin oponerse, con duda— entonces Satanás podrá derrotarlo fácilmente. Debemos distinguir

> *Satanás no tiene defensa contra un creyente que vive en fe y en obediencia a la Palabra de Dios.*

claramente las cosas que provienen del enemigo, y no debemos culpar a Dios por algo que Él no ha hecho. Por esta razón, es muy importante que sepamos discernir la Palabra acerca de este tema.

Siempre que Dios le revela Su Palabra a una persona, el diablo de inmediato intenta robarle la Palabra de su corazón. Jesús afirmó que el diablo lo haría. Él enseñó que el sembrador siembra la Palabra, y que Satanás viene de inmediato a robar la Palabra que fue sembrada (Marcos 4).

Satanás no puede defenderse contra la Palabra de Dios, ni contra el señorío de Jesús o del nombre de Jesús. El enemigo no tiene defensa contra un creyente que está caminando en fe y en obediencia a la Palabra de Dios. No puede defenderse de esas cosas, porque Jesús declaró que *todo* poder se le había otorgado en los cielos y en la Tierra a Él (Mateo 28:18). Satanás ha sido despojado de su poder.

El diablo sabe que está indefenso; por tanto, la única herramienta que tiene para detener la revelación de la Palabra en la vida del creyente es el engaño. Él tiene que sembrar engaño —algo que se ve y suena bien, pero en realidad es un lobo con piel de oveja—. Y usualmente tiene mayor éxito en el área de la religión, la cual usa para cegar y engañar a las personas. Al sembrar la semilla del engaño a través de la tradición religiosa, Satanás le ha robado el poder a la Iglesia. Él no tiene defensa contra nuestras armas espirituales; sin embargo, puede defenderse con facilidad de nuestras tradiciones religiosas de naturaleza carnal.

Descubramos en la Palabra de Dios lo que Él dice acerca de nuestros problemas, y aclaremos la verdad sobre las tradiciones religiosas:

Hermanos míos, considérense muy
dichosos cuando estén pasando por
diversas pruebas. Bien saben que, cuando
su fe es puesta a prueba, produce
paciencia. Pero procuren que la paciencia
complete su obra, para que sean perfectos
y cabales, sin que les falta nada. Si alguno
de ustedes requiere de sabiduría, pídasela
a Dios, y él se la dará, pues Dios se la da a
todos en abundancia y sin hacer ningún
reproche. Pero tiene que pedir con fe y sin
dudar nada, porque el que duda es como
las olas del mar, que el viento agita y lleva
de un lado a otro. Quien sea así, no piense
que recibirá del Señor cosa alguna, pues
quienes titubean son inconstantes en todo
lo que hacen (Santiago 1:2-8).

Nota que Santiago 1:3 nos dice que la prueba
de la fe produce paciencia. Ahí no dice que la
prueba de tu fe te enseñará algo, o que
perfeccionará tu fe, o que las pruebas fortalecerán tu
fe. La Fe es fortalecida por la Palabra de Dios: «Así
que la fe proviene del oír, y el oír proviene de la

palabra de Dios» (Romanos 10:17). Por tanto, significa que la prueba de tu fe ejercita la paciencia.

Ahora bien, ¿qué significa la palabra *paciencia?* La definición de paciencia no es "aguantar", como muchos de nosotros pensamos. En el diccionario leemos que ser paciente es: "ser constante o de la misma manera todo el tiempo, sin importar cuáles sean las circunstancias". Ésta es la manera en que nosotros, como creyentes, debemos ser: pacientes, estables, constantes, de la misma manera todo el tiempo. Sin importar cuáles sean nuestras circunstancias ni lo que enfrentemos en la vida, siempre debemos responder de la misma forma: "¡Así dice la Palabra de Dios!" Cuando

> *Cuando actuamos de esa manera, adoptamos el mismo atributo de Jesús.*

actuamos de esa manera, adoptamos el mismo atributo de Jesús —quien es el mismo de ayer, de hoy y por los siglos. Y por esa razón, Jesús siempre es el mismo—. Él nunca se desvía a la derecha ni a la izquierda de la Palabra de Dios.

Santiago 1:4 nos dice que si permitimos que la paciencia haga su obra perfecta, seremos perfectos y completos sin que nos haga falta nada. Un hombre paciente es un hombre estable. Constante. De pensamiento único. Ese tipo de persona no se pregunta a sí misma: "¿Quién es mi enemigo? ¿Quién es mi problema, Dios o Satanás? ¿Existe un punto intermedio entre los dos?".

Eso genera otras preguntas que muchos cristianos se hacen en la actualidad: ¿Usa Dios a Satanás para disciplinar a mi familia? ¿Cuál es la disciplina del Señor? ¿Será lo mismo en el Nuevo Testamento que en el Antiguo Testamento?

Para responder esas preguntas, debes saber cómo dividir y discernir correctamente la Palabra de Verdad. ¿Y dónde lo haces? En la Cruz y en la Resurrección de Jesús. De un lado, tienes una promesa; del otro, tienes un hecho.

Isaías 53 es una profecía acerca de Jesús, el Mesías. Isaías está profetizando y declarando las cosas que le sucederían a Jesús. Presta atención al versículo 5:

> Pero él será herido por nuestros pecados;
> ¡molido por nuestras rebeliones! Sobre él
> vendrá el castigo de nuestra paz, y por su
> llaga seremos sanados.

El diccionario define la palabra *castigo* como: "Corrección que ocasiona dolor". Jesús llevó nuestros pecados para que nosotros no tuviéramos que llevarlos. Él llevó nuestras enfermedades para que no tuviéramos que sufrirlas. El sufrió nuestro castigo para que no tuviéramos que padecerlo. ¡Alabado sea Dios!

La profecía escrita en Isaías 54 no habla más acerca de Jesús en la Cruz, sino de Jesús resucitado: el Redentor. Dios ya no se dirige a Israel, sino a la Iglesia de Jesucristo.

Estaba yo un poco enojado cuando por algún tiempo no quise ni verte; pero volveré a tenerte compasión y misericordia eterna. Lo digo yo, que soy tu Señor y Redentor.... Yo, el Señor, enseñaré a todos tus hijos, y su paz se verá multiplicada. Tu adorno será la justicia. Y no tendrás nada que temer porque la opresión se alejará de ti, y nunca más se te volverá a acercar. Si alguno conspira contra ti, no será con mi ayuda; el que contra ti conspire, caerá muerto ante tus propios ojos. Yo he creado al herrero, al que atiza las ascuas en el fuego y saca luego la herramienta para hacer su obra; y yo he creado también al destructor, para que destruya. No saldrá victoriosa ninguna arma que se forje contra ti. Y tú condenarás a toda lengua que en el juicio se levante contra ti. Ésta es la herencia de los siervos del Señor. Su salvación viene de mí. Yo, el Señor, lo he dicho.

—Isaías 54:8, 13-17

Presta atención al versículo 8: «…**pero volveré a tenerte compasión y misericordia eterna. Lo digo yo, que soy tu Señor y Redentor…**». Es el Redentor quien está hablando en ese versículo. Cuando leemos esto, estamos leyendo algo que salió de la boca de Dios, algo que Él mismo dijo.

«Yo, el Señor, enseñaré a todos tus hijos, y su paz se verá multiplicada». ¿Quiénes son estos hijos? Nosotros, los creyentes. Es decir, el Cuerpo de Cristo, quienes ahora somos hijos de Dios por medio del nuevo nacimiento.

«Tu adorno será la justicia…». Esa declaración se refiere a nosotros ahora, aquí en la Tierra. Ya fuimos establecidos en justicia.

En Romanos 5:17, leemos: «Pues si por la
transgresión de uno solo reinó la muerte,
mucho más reinarán en vida los que reciben la
abundancia de la gracia y del don de la justicia
mediante un solo hombre, Jesucristo».

**«...Y no tendrás nada que temer porque la
opresión se alejará de ti, y nunca más se te
volverá a acercar...».** ¿Qué dice la Palabra acerca
del temor? En 1 Juan 2:5, leemos: «El amor de
Dios se ha perfeccionado verdaderamente en el
que obedece su palabra, y por esto sabemos que
estamos en él»; y en 1 Juan 4:18 dice: «En el
amor no hay temor, sino que el perfecto amor
echa fuera el temor, porque el temor lleva en sí
castigo. Por lo tanto, el que teme, no ha sido
perfeccionado en el amor...».

**«Si alguno conspira contra ti, no será con
mi ayuda; el que contra ti conspire, caerá
muerto ante tus propios ojos».** No existe duda
al respecto, la opresión, el temor y el terror te
atacarán. Satanás aun tratará de pelear en tu
contra aunque Jesús ya lo haya vencido en la
Cruz. «Si alguno conspira contra ti, *no será con mi
ayuda*». El Señor tu Redentor es quien está

hablando en esta parte, y Él dice que la opresión, el temor y el terror *no* provienen de Él.

«Yo he creado al herrero, al que atiza las ascuas en el fuego y saca luego la herramienta para hacer su obra; y yo he creado también al destructor, para que destruya». ¿Qué está diciendo el Señor en ese

El enemigo está tratando de atrapar a Dios en una mentira, intentando que Él se retracte de Su Palabra..

versículo? Que Él creó a Satanás. En el libro de Ezequiel nos describe cómo Satanás fue creado perfecto, pero que luego se halló iniquidad en él. Allí es donde el problema reside. Dios ha dado Su Palabra en ciertos puntos que son indiscutibles. Él no incumplirá, ni se retractará de Su Palabra, incluso en lo que concierne a Satanás. Esto pone al Señor en una posición donde tiene que mantener Su Palabra en lo que respecta a Satanás *y* también en lo que respecta a la raza humana. El enemigo está tratando de atrapar a Dios en una mentira —intentando que Él se retracte de Su Palabra. Si eso ocurriera, el Señor estaría sujeto al "padre de toda mentira". Y lo que Dios está diciéndonos en este versículo es que "Él creó a quien nos causa problemas, pero que Él se hará responsable de ello".

«…No saldrá victoriosa ninguna arma que se forje contra ti…». Aunque Dios creó a Satanás y a pesar que éste cometió traición contra Dios al arrastrar a los hombres al pecado, Dios nos ha dado un camino en el que ningún arma que Satanás pueda usar contra nosotros prosperará.

Las líneas de batalla están definidas, Dios no es su problema.

«…Y tú condenarás a toda lengua que en el juicio se levante contra ti. Ésta es la herencia de los siervos del Señor. Su salvación viene de mí. Yo, el Señor, lo he dicho». Las líneas de batalla están definidas, Dios no es tu problema. Satanás es tu problema —él es tu enemigo—. Sin embargo, la buena noticia es que Dios te ha provisto de tu completa liberación a través de Jesucristo.

CAPÍTULO DOS

La corrección de Dios por medio de Su Palabra

2

La corrección de Dios por medio de Su Palabra

Hemos visto que la palabra *castigo* significa: "Corrección que ocasiona dolor", y que Jesús llevó nuestro castigo —es decir, pagó nuestro pecado—con dolor en la Cruz.

La palabra Griega traducida como *castigo* en el Nuevo Testamento significa: "Instruir o entrenar". Frecuentemente nos hacemos esta pregunta: "¿Cómo castiga Dios a los Suyos?"

¿Cómo *nos* instruye y entrena Dios? ¿Acaso Él suelta a un "perro malo" para que nos muerda la pierna, y así aprendamos que debemos usar nuestras botas? *¡No, claro que no!*

Porque el Señor disciplina al que ama, y azota a todo el que recibe como hijo. Si ustedes soportan la disciplina, Dios los trata como a hijos. ¿Acaso hay algún hijo a quien su padre no discipline? Pero si a ustedes se les deja sin la disciplina que todo el mundo recibe, entonces ya no son hijos legítimos, sino ilegítimos. Por otra parte, tuvimos padres terrenales, los cuales nos disciplinaban, y los respetábamos. ¿Por qué no mejor obedecer al Padre de los espíritus, y así vivir?

—Hebreos 12:6-9

Jesús declaró: «Lo que nace de la carne, carne es; y lo que nace del Espíritu, espíritu es» (Juan 3:6). Nuestros padres biológicos nos corrigen en la carne, pero Dios es un espíritu y utiliza herramientas espirituales, no herramientas carnales. Él usa armas espirituales, no carnales. Jesús dijo: "Mis *palabras* son espíritu". Él nos disciplina con Sus palabras.

«Porque el Señor disciplina a los que ama…». Un Dios amoroso no envía tornados o cánceres a Sus hijos. El Señor nunca me ha dicho que no ore por la enfermedad de alguien porque Él mismo se la envió. Jesús declaró: «…El que me ha visto a mí, ha visto al Padre; ¿cómo entonces dices:

"Muéstranos al Padre"?» (Juan 14:9). Él nunca le dijo a un leproso que debía permanecer con esa enfermedad para que Dios pudiera enseñarle algo. En Hechos 10:38, leemos: «…Dios ungió a Jesús de Nazaret con el Espíritu Santo y con poder, y que él anduvo haciendo el bien y sanando a todos los que estaban oprimidos por el diablo, porque Dios estaba con él». El Señor hizo todas estas cosas a través de Jesús. Él no tiene doble ánimo, Él siempre piensa de la misma manera.

Ahora, hay ocasiones en las que parece que Dios es quien está detrás de las circunstancias. Quizá todas las señales indican eso. Pero Satanás es un engañador, y quiere que *pienses* que Dios lo hizo. Si él logra ponerte en contra de Dios, él correrá rampante sobre ti. La idea religiosa de que Dios castiga a los Suyos con enfermedades, dolencias y pobreza es la razón por la cual la Iglesia atravesó 1.500 años sin el conocimiento del Espíritu Santo y Sus dones. Nos convertimos en personas

> *Un Dios amoroso no envía tornados o cánceres a Sus hijos… Satanás es un engañador, y quiere que pienses que Dios lo hizo.*

pasivas y de doble ánimo, a tal punto que la Iglesia se volvió esquizofrénica, con la excepción de unos cuantos hombres que se rehusaron a creerlo—y la mayoría fueron expulsados de sus iglesias.

Ahora, veámoslo un poco más de cerca: **«Porque el Señor disciplina al que ama, y azota a todo el que recibe como hijo».** La palabra *azota* significa: *golpear.* Dios es el Padre del espíritu. Él no azota la carne, sino que azota al hombre interior. Pero, ¿cómo lo hace? Con Su Palabra.

> *Si Satanás logra ponerte en contra de Dios, él correrá rampante sobre ti.*

Toda escritura es inspirada por Dios (dada por Su inspiración) y provechosa para la instrucción, la reprensión y la convicción de pecado; para corregir el error y disciplinar en obediencia, y para entrenar en justicia. Para que el hombre de Dios pueda estar completo y en dominio, bien equipado y enteramente preparado para toda buena obra.

—2 Timoteo 3:16-17, *AMP*

El Señor disciplina a los Suyos con las Escrituras. Por tanto, sométete a la Palabra. La espada del Espíritu es de doble filo —un lado es para Satanás y el otro para ti—. Ésta remueve la carne y las lujurias, santificándonos.

Te mostraré algunos ejemplos. El apóstol Pablo escribió en 2 Corintios 7:8-9 lo siguiente:

> Ciertamente, mi carta fue para ustedes motivo de tristeza, y entonces lamenté haberla escrito porque vi que por algún tiempo ella los entristeció; pero ahora no lo lamento sino que me alegro. Y no porque ustedes se hayan entristecido, sino porque esa tristeza los llevó al arrepentimiento. Ustedes fueron entristecidos conforme a la voluntad de Dios….

Dios nos trae arrepentimiento, nos disciplina y nos azota con Su Palabra.

Ésta es la manera en que Dios nos corrige: nos trae arrepentimiento, nos disciplina y nos azota con Su Palabra. Él envió Su Palabra a la iglesia en Corinto, y ésta les dolió tanto ¡que hubieran preferido haber sido golpeados con una vara! Ellos sabían cómo enfrentar la enfermedad y las dolencias, pero cuando Dios los amonestó con Su Palabra, esto penetró profundamente en su espíritu y fueron contristados. En Proverbios 17:10, leemos: "Una represión penetra más profundamente en una persona entendida que cien latigazos en un tonto [seguro de sí mismo]" *(AMP)*.

Cuando Pedro les predicó la Palabra a los judíos en el Día de Pentecostés, ésta les trajo convicción de pecado a sus corazones y fueron salvos. Dios hace esto con el poder de Su Espíritu, Su Palabra. Ésta castiga la incredulidad, y purifica el espíritu humano de tal manera que fortalece a las personas; no las debilita, ni las condena.

Daniel se disciplinó ante el Señor, y le pidió que lo corrigiera. ¿Cómo lo corrigió el Señor? Él envió un ángel para que le diera Su Palabra. Ahora bien, Dios ha hecho algo mucho mejor para nosotros: no nos envió un ángel, sino que nos envió al Espíritu Santo para que nos guiara a toda verdad. Hoy, necesitamos comprender la plenitud del ministerio del Espíritu Santo. No nos alejemos de Él; en otras palabras, ejerzamos nuestra fe en esta área. Necesitamos darnos cuenta que el

Espíritu Santo fue enviado para enseñarle a la Iglesia, y para revelarle los secretos más íntimos de Dios al Cuerpo de Cristo. Debemos desarrollar nuestra fe en la habilidad del Espíritu de mostrarnos estas cosas, a fin de que podamos ser *llenos* con el conocimiento de Dios en toda la sabiduría y entendimiento espiritual.

Sabes, algunas veces parece como que algunas personas tienen un deseo ferviente de creer lo peor de Dios. Incluso pelearían para defender el punto de que es Dios quien les causa daño.

Si intentaras hablar de esta manera acerca de mi padre terrenal, ¡yo pelearía contigo! No trates de decirme que mi padre me mintió, o que él me robó una propiedad, o que enfermó a mis bebés. Mi padre es un buen hombre. Él ha trabajado duro para suplir mis necesidades, y él nunca me mentiría. Él me ama —él no me haría daño—, así que no trates de decirme que ¡él está destruyendo mi vida!

He escuchado que algunos dicen: "Bueno, Dios mató todo mi ganado y quemó todas mis cosechas; al fin logró bajarme a donde Él quería". No, no fue Dios quien hizo eso. Tu padre *terrenal* nunca te haría daño, entonces ¿por qué quieres creer que tu Padre *celestial* lo haría? En Santiago 1:13, leemos: «Cuando alguien sea tentado, no diga que ha sido tentado por Dios, porque Dios no tienta a nadie, ni tampoco el mal puede tentar a Dios».

¿Por cuánto tiempo vas a escuchar a las personas decirte: "Dios fue quien provocó eso en tu vida"?

He escuchado a varios decir: "Bueno, mira lo que le hizo Dios a Job". ¿Qué le hizo Dios a Job? El Señor edificó un vallado alrededor de Job, y lo bendijo con abundancia. Al final del libro de Santiago, la Palabra nos enseña que Dios se mostró lleno de bondad y misericordia en Su pacto con Job.

Por años, hemos leído la historia de Job y hemos culpado a Dios por la situación que él atravesó, pensando que Dios comisionó a Satanás para que lo atacara. ¡Eso no es verdad! En Job 1:11, leemos que Satanás llegó ante Dios y le dijo: «...extiende ahora tu mano y toca todo lo que tiene, y verás si no te maldice en tu misma cara» *(LBLA)*. El diablo intentó que Dios lo hiciera, pero Dios no lo hizo. Él declaró: «He aquí [mira y ve], todo lo que tiene está en tu poder…» *(LBLA)*. Job ya estaba en manos del enemigo cuando permitió que el vallado de protección se derribara. Él dejó de actuar en fe, y empezó a actuar con temor; de ese modo, el vallado de protección se derrumbó. Él estaba vulnerable al ataque de Satanás. Los sacrificios que hizo no fueron hechos en fe. La Palabra dice que hizo continuamente los mismos sacrificios (Job 1:5). Y perdió todo lo que tenía. Job no tenía la Palabra escrita para actuar como lo hacemos tú y yo en la actualidad. Él dijo: «Lo que yo siempre había temido me ocurrió; se hizo realidad lo que me horrorizaba» (Job 3:25, *NTV)*.

Luego comenzó a tratar, mediante pruebas y errores, de restaurar su fe. Job lo intentó llorando, hiriéndose y cortándose, sentándose sobre cenizas y nada de eso ayudó. Satanás le mandó algunos hombres bien religiosos, y ciertamente, ¡tampoco lo ayudaron en nada! Es más, fueron ellos quienes le dijeron que Dios había sido el causante de su ruina. Sin embargo, Dios les dijo a estos hombres que no estaban hablando bien de Él.

No obstante, justo en el preciso momento en que Job actuó de nuevo en fe al orar por esos hombres, él volvió a alinearse con la Palabra, y Dios le restituyó al doble todo lo que había perdido. Cuando empezó a actuar en fe una vez más, su liberación fue instantánea.

Necesitamos predicar *esto,* en lugar de identificarnos con la enfermedad y el fracaso de Job. Las personas dicen: "Bueno, sólo soy como el viejo y pobre Job". Bien, si vas a ser como Job, entonces

> *Si vas a ser como Job, entonces tendrás que recibir sanidad y ser liberado.*

tendrás que recibir sanidad y ser liberado. Job tampoco era pobre; era el hombre más rico del Este cuando esto sucedió; y luego, ¡Dios duplicó su riqueza! Todo lo que el Señor ha hecho, y todo lo que Él siempre ha dicho, ha sido para liberar y revestir de poder a Su pueblo.

Me rehúso a creer que mi Padre celestial va a hacerme daño, aun cuando yo no conozca todas las circunstancias. Y aunque parezca que Él es el responsable, yo me rehusó a caer en esa mentalidad. Sé que envió a Su Hijo a morir por mí; por tanto, no dudaré ni por un instante; y jamás le daré la oportunidad a Satanás para que obre en mi contra.

Predicar acerca de los problemas — concentrarse y tener una mentalidad enfocada en los problemas, en lugar de tener una mentalidad victoriosa— le dará a Satanás justo ese momento de duda que él necesita para derrotarte.

CAPÍTULO 3

El paraguas protector de la voluntad de Dios

3

El paraguas protector de la voluntad de Dios

Por mucho tiempo, el Cuerpo de Cristo ha enfocado su atención en un área específica: los problemas. Se tomó un versículo de las Escrituras, se sacó de contexto y se malinterpretó terriblemente. En Romanos 8:28, el apóstol Pablo escribió: «Aho ra bien, sabemos que Dios dispone todas las cosas para el bien de los que lo aman, es decir, de los que él ha llamado de acuerdo a su propósito». Es probable que hayas escuchado esa cita bíblica una y otra vez cuando has enfrentado dificultades.

En Romanos 8, el apóstol Pablo enfatiza la diferencia que existe entre la ley de la muerte y la ley de la vida. Pablo nos dice que no somos gobernados por la ley de la muerte y que hemos sido liberados de ésta: «porque la ley del Espíritu de vida en Cristo Jesús me ha librado de la ley del pecado y de la muerte» (Romanos 8:2). Él nos muestra la diferencia que hay entre una mente carnal y una mente espiritual (la cual se enfoca en la Palabra). Él afirmó: «Porque el ocuparse de la carne es muerte, pero el ocuparse del Espíritu es vida y paz» (Romanos 8:6). Hay una línea divisoria entre las dos. No puedes tener tu mente enfocada en los problemas y al mismo tiempo una mente espiritual. Los problemas no nacen del Espíritu de Dios —tienen su origen en Satanás—.

Ahora, leamos Romanos 8:26: «De igual manera, el Espíritu nos ayuda en nuestra debilidad, pues no sabemos qué nos conviene pedir, pero el Espíritu mismo intercede por nosotros…». El Espíritu de Dios no está intercediendo *por nosotros* —nos está ayudando a interceder—. Ése es Su ministerio. El Espíritu Santo nos guía y hace la diferencia

> *Los problemas no nacen del Espíritu de Dios — tienen su origen en Satanás.*

en toda área dónde tengamos poco conocimiento espiritual. Las palabras que se traducen como *"nos ayuda"* en realidad son la combinación de tres palabras griegas, que literalmente significan: "unirse a nosotros en contra de". Este versículo de forma literal se leería así: "El Espíritu se une a nosotros en contra de nuestras debilidades".

> …pues no sabemos qué nos conviene pedir, pero el Espíritu mismo intercede por nosotros con gemidos indecibles. Pero el que examina los corazones sabe cuál es la intención del Espíritu, porque intercede por los santos conforme a la voluntad de Dios. Ahora bien, sabemos que Dios dispone todas las cosas para el bien de los que lo aman, es decir, de los que él ha llamado de acuerdo a su propósito. Porque a los que antes conoció, también los predestinó para que sean hechos conforme a la imagen de su Hijo, para que él sea el primogénito entre muchos hermanos.
>
> —Romanos 8:26-29

El apóstol Pablo está hablando acerca de la oración intercesora, cómo funciona y cómo obra. Al tener una mente enfocada sólo en los problemas, nuestro subconsciente leería el versículo 28 de la

CONOCE A TU ENEMIGO

siguiente manera: "Ahora bien, sabemos que Dios dispone todas las cosas *malas* para el bien de los que lo aman". Pero eso no es lo que está diciendo. No está hablando de las cosas malas, sino de las cosas buenas; es decir, la oración intercesora.

Él afirma en el versículo 29: «Porque a los que antes conoció, también los predestinó para que sean hechos conforme a la imagen de su Hijo...». ¿Cuáles son las herramientas que el Espíritu Santo utiliza para transformarnos a la imagen de Su Hijo? Los nueve dones del Espíritu, el nombre de Jesús, la sangre del Cordero, la Palabra de Dios, y todo lo que en el Nuevo Testamento se le garantiza al creyente en esta vida, y en la venidera. Cuando el creyente empieza a interceder por el Cuerpo de Cristo como debe, esas herramientas se unen para obrar en contra de nuestras debilidades; y nos permiten orar de forma precisa y poderosa por medio de la unción del Espíritu Santo. De esta manera, todas estas cosas obrarán para bien a los que aman a Dios.

Tengan por sumo gozo

En la Palabra, leemos: «...tened por sumo gozo cuando os halléis en diversas pruebas»

(Santiago 1:2, *RVR60).* O como el texto griego indica: "en diferentes pruebas y tribulaciones". ¿Qué dice la Palabra acerca del gozo? Existe una diferencia entre gozo y felicidad. La felicidad depende de la condición o la comodidad de los cinco sentidos. En cambio, el gozo no depende de eso. En la Biblia dice que el gozo es un fruto del Espíritu. Es una fuerza espiritual, la cual nace en el interior de nuestro corazón. En Nehemías 8:10, leemos que el gozo del Señor es nuestra fortaleza, de manera que éste puede fortalecernos cuando esas pruebas y tribulaciones lleguen a nuestra vida. No lo veas como una derrota, sino como ¡una fortaleza! No pienses en éste como algo negativo, sino como algo positivo. Jesús dijo: «…pidan y recibirán, para que su alegría se vea cumplida» (Juan 16:24). Tómalo como una oración contestada.

La frase: "tener todo por sumo gozo", no significa que debes agradecerle a Dios que tu niño esté enfermo. Veamos una parte de la Biblia que a menudo se malinterpreta o es malentendida.

Estén siempre gozosos. Oren sin cesar. Den gracias a Dios en todo, porque ésta es su voluntad para ustedes en Cristo Jesús.

—1 Tesalonicenses 5:16-18

Algunos de nosotros hemos leído ese versículo y hemos pensado: "La voluntad de Dios para mí es que le dé gracias *por* todo". Eso no es cierto. Esas *cosas* o *circunstancias* no son la voluntad de Dios para tu vida, en tanto que *dar gracias* sí es la voluntad de Dios. Cuando alabas a Dios y le das gracias en medio de tu situación, te cubres a ti mismo con el paraguas (o sombrilla) de la voluntad de Dios. Quizá no sepas qué dice la Palabra acerca de tu situación en particular, pero la Palabra nos enseña a dar gracias. Por consiguiente, cuando te encuentras bajo esta sombrilla de protección, Satanás no puede tocarte.

A lo mejor me preguntes: "Pero hermano Copeland, ¿cómo puedo tener sumo gozo en todo?".

Cuando te encuentras bajo la sombrilla protectora [de Dios], Satanás no puede tocarte.

Yo tuve la oportunidad de hacerlo una noche en la que mi hija menor tuvo una fiebre muy alta. Fui a su dormitorio, puse mis manos sobre ella y oré: "Padre, en el nombre de Jesús, me gozo en comprobar una vez más que la Palabra es verdadera y se encuentra llena de poder. Soy un hombre de fe, y no me muevo por lo que veo. Te entrego a mi hijita, y creo que Tú la cuidarás, en el nombre de Jesús. Ahora, te alabo y te agradezco por su sanidad". Yo no alabé a Dios por la fiebre que tenía, ya que no era de ella, ni Dios se la había enviado. Jesús llevó sus enfermedades y padecimientos. Si le pertenecen a alguien, es al diablo, y era él quien estaba tratando de ponerlas sobre ella.

He aceptado el sacrificio del Calvario como el pago de mi redención total —del pecado, de la enfermedad, de la pobreza, y de la muerte—. Creo en eso, y me mantengo firme en esa verdad. Tengo ciertos derechos —llamados la justicia divina— en el reino de Dios, y uno de éstos es el derecho a gozar de un cuerpo saludable. Jesús ya lo ha provisto para mí, y me aferro a éste con mi fe.

CAPÍTULO 4

¡Usa tu autoridad!

4

¡Usa tu autoridad!

¿Y qué hay acerca de la pregunta de si permite o no Dios que las cosas malas nos sucedan? La respuesta es: sí, Él las permite. ¡Él no puede hacer nada al respecto! ¿Por qué? Porque Él nos dio autoridad sobre la Tierra. Dios le dio a Adán la autoridad para gobernar la Creación, para ejercer dominio sobre ésta y para someterla. Después de eso, el Señor no se entrometió en los asuntos del hombre. Él mantuvo Su Palabra con Adán, aunque debió cumplirla con dolor, pues había jurado por Sí mismo. ¿Envió Dios a Satanás para que interfiriera en la vida de Adán? No, Él lo expulsó, y le dio la autoridad a Adán sobre todo. Fue Adán quien le dio entrada al diablo. Jesús declaró: «...Toda autoridad me ha sido dada en el cielo y en la tierra.... Vayan por todo el mundo y prediquen el evangelio a toda criatura…. En mi nombre expulsarán demonios…» (Mateo 28:18; Marcos 16:15-18). Él le dio al creyente Su Palabra y le encargó hacerlo. Por consiguiente, no debería existir indecisión ni duda en nuestros pensamientos.

Se nos ha dado la autoridad sobre la Tierra. Si le damos libertad al ladrón, entonces no hay nada que Dios pueda hacer al respecto. El juez de una ciudad posee autoridad legal, pero si un policía no cumple su trabajo y le permite al ladrón huir y nunca lo lleva ante el juez, no habrá nada que el juez o la ley puedan hacer. Es el hombre que está en la calle — quien tiene la autoridad para arrestar al ladrón—, quien marca la diferencia entre el orden de la ley y los disturbios. Tú y yo, como creyentes, somos los policías de Dios en esta Tierra y poseemos la autoridad del nombre de Jesús y la espada del Espíritu. No existe razón alguna para que Satanás use y abuse de ningún creyente nacido de nuevo.

> *Se nos ha dado la autoridad sobre la Tierra. Si le damos libertad al ladrón, entonces no hay nada que Dios pueda hacer al respecto.*

Ante toda situación y en cada circunstancia, debemos tomar una decisión definitiva. Presta atención a lo que dice Deuteronomio 30:19:

Hoy pongo a los cielos y a la tierra por
testigos contra ustedes, de que he puesto
ante ustedes la vida y la muerte, la bendición
y la maldición. Escoge, pues, la vida, para
que tú y tu descendencia vivan.

La elección es tuya: la vida o la muerte, la
bendición o la maldición. Dios ha puesto esta
elección delante tuyo por medio de Su Palabra
escrita. La única manera de encontrar la
verdadera definición de la vida y la muerte es
estudiando Su Palabra.

Jesús dijo: «...Las palabras que yo les he
hablado son espíritu y son vida» (Juan 6:63).
Dios le dijo a Josué que si meditaba en la Palabra
de día y de noche, él prosperaría y tendría éxito.
Proverbios 4:20-22, nos dice que prestemos
atención a las palabras de Dios: «...Ellas son
vida para quienes las hallan; son la medicina
para todo su cuerpo».

A fin de que puedas escoger la vida y la
bendición, tendrás que elegir la Palabra de Dios;
ya que ésta es vida. Tendrás que enfocarte en la
Palabra, en lugar de los problemas. Deberás

enfocar tu mente en la vida, y no en la muerte.
Tendrás que concentrarte sólo en la Palabra de
Dios. Y cuando lo hayas hecho, empezarás a darte
cuenta que aquel que levantó a Jesús de entre los
muertos habita dentro tuyo, y que el que habita
en ti es mayor que el que está en el mundo.

Juan 10:10 es la línea divisoria entre la vida y
la muerte. El ladrón, Satanás, viene sólo a robar,
matar, y destruir. Pero Jesús vino para que
tuviéramos vida, y la tuviéramos en abundancia.

Satanás es el ladrón. Él está intentando robarle
el poder al Cuerpo de
Cristo. El creyente tiene a su
disposición toda la armadura
de Dios, y el enemigo no
tiene defensas contra esa
armadura. Por tanto, debe
engañar y desviar al creyente
de su camino. El enemigo se
ve obligado a operar en el
mundo natural, pues en el
mundo espiritual el creyente puede derrotarlo con
sus poderosas armas espirituales. La espada del
Espíritu, la Palabra de Dios, puede herir

> *Juan 10:10 es la línea divisoria entre la vida y la muerte. El ladrón, Satanás, viene sólo a robar, matar, y destruir. Pero Jesús vino para que tuviéramos vida, y la tuviéramos en abundancia .*

profundamente a Satanás; y por eso, él usa el engaño. El diablo ataca al creyente en el ámbito natural (físicamente) e intenta convencerlo de que Dios es quien causó la enfermedad, o que el Señor se llevó a su bebé, o que Él desea que tengas una vida de pobreza. Si el creyente medita en esos pensamientos lo suficiente, comenzará a dudar, a titubear. Se convertirá en una persona de doble ánimo. Esa incertidumbre le dará al diablo una ventaja valiosa y cuando ataque la próxima vez, ese creyente será un poco más fácil de derrotar.

El creyente debe decidir que ya no retrocederá más. Aquel que está firme en la Palabra debe saber con toda certeza que la voluntad de Dios fue Jesús en la Cruz, y que la voluntad de Dios es que sea próspero y saludable. Debe creer que todas sus necesidades son suplidas conforme a Sus riquezas en gloria por Cristo Jesús, y que Dios desea que reciba las bendiciones de Abraham a través de la fe en Jesucristo. Cuando estas verdades se vuelvan una realidad en su interior, entonces se convertirá en un creyente poderoso, un coheredero juntamente con Cristo. Ese creyente sabe que su Padre ha planeado

cuidadosamente su liberación y su victoria. Desde
ese momento en adelante, nunca más cuestionará
si debe ser próspero o no; o si debe estar sano.
Ya no está a la defensiva, sino atacando —a la
ofensiva. Él ya no titubea —por el contrario, es
constante y estable.

Jesús declaró que Él edificaría Su Iglesia
sobre la roca, y que las puertas del infierno no
prevalecerían en contra de ella (Mateo 16:18).
En otras palabras, los poderes del infierno no
tendrían éxito en contra de ésta. Esa roca es la
Palabra de Dios. Jesús comparó a aquel que obra
conforme a la Palabra con uno que construyó su
casa sobre la roca (Lucas 6:48-49). Cuando la
tormenta azotó intensamente la casa, ésta
permaneció firme. Observa que en la parábola, la
misma tormenta golpeó ambas casas —la que
estaba construida sobre la roca y la construida
sobre la arena—. No fue la tormenta lo que
fortaleció la casa. La casa ya estaba firme antes de
que llegara la tormenta. Fue construida sobre una
fundación firme. Y así es como el Cuerpo de
Cristo debe estar, edificado sobre el fundamento
firme de la Palabra de Dios.

Enfócate y toma la decisión —escoge la vida y la bendición. Decídete a ganar —decídete a vencer. Hasta que no lo hagas, serás una persona de doble ánimo. Pero en el momento de comprometerte a ser un vencedor, ¡llegarás a la cima! Habrá ocasiones cuando tendrás que ser firme, paciente y perseverante; pero cuando alguien es perseverante en la Palabra de Dios, conocerá la verdad, y la verdad lo hará libre.

CAPÍTULO 5

Mantén una actitud ganadora

5

Mantén una actitud ganadora

Al predicar el evangelio a través del mundo, he identificado una de las cosas más importantes que el Señor le está diciendo a Su pueblo: Dios es un ganador, Él no es un fracasado. Por tanto, Su pueblo también lo es. ¡Debemos tener una actitud vencedora en Cristo!

En Efesios 4:23, el apóstol Pablo le dijo a la iglesia que renovara el espíritu de su mente. En otras palabras, debían tener una actitud totalmente renovada. Es necesario que renovemos nuestra mente conforme a la Palabra de Dios —conforme al hecho que Jesús ha vencido al mundo.

Todos hemos escuchado la frase: "No se trata de ganar o perder, sino de jugar". ¡Esa frase no tiene ningún sentido! *Si juegas el partido con la estrategia correcta, ¡ganarás!* No existe sustituto alguno para ser un ganador. El hombre fue creado para que señoreara. Se le otorgó el dominio sobre la Tierra y sobre todo lo que se arrastra, vuela, camina y respira en este planeta. El hombre es un ganador —y no sabe cómo aceptar la derrota con dignidad—. Al aceptar la derrota y el fracaso como parte de su vida, se desvaloriza a sí mismo, no sólo ante los principados y potestades, sino también ante el diablo y aun ante el reino animal.

Esto me recuerda algo que dijo George Patton, siendo general del ejército de los Estados Unidos. Él fue un gran comandante y tenía una revelación especial de parte de Dios acerca de la guerra. (A lo mejor te estás preguntando: "¿Da Dios revelación a las personas acerca de la guerra?". Sí, puedes mirar la historia de David —Dios le mostró cómo debía luchar. Existen hombres y mujeres llamados por Dios para realizar el trabajo "sucio"—empleos violentos y desagradables— que inevitablemente deben hacerse. Muchas veces estos trabajos han sido exaltados por las personas, ¡pero en realidad no son empleos gloriosos! Y George Patton era uno ellos. Él sabía cómo ganar una guerra, y lo dijo de la siguiente manera: «Algunos de ustedes han venido con la mentalidad de morir por su país, ¡pero ésa no es la forma de ganar una guerra! ¡La única manera de ganar es hacer que tus enemigos mueran por el suyo!». Él estaba mentalizado para ganar —y morir no era una opción—. Ese hombre tenía una actitud ganadora.

Como creyentes debemos desarrollar ese tipo de actitud ganadora.

> Todo aquel que cree que Jesús es el Cristo, ha nacido de Dios. Todo aquel que ama al que engendró, ama también al que ha sido engendrado por él. En esto sabemos que amamos a los hijos de Dios: en que amamos a Dios y obedecemos sus mandamientos. Pues éste es el amor a Dios: que obedezcamos sus mandamientos. Y sus mandamientos no son difíciles de cumplir. Porque todo el que ha nacido de Dios vence al mundo. Y ésta es la victoria que ha vencido al mundo: nuestra fe. ¿Quién es el que vence al mundo, sino el que cree que Jesús es el Hijo de Dios?
> —1 Juan 5:1-5

Vemos cómo Dios nos está explicando de
manera inusual este pasaje. Generalmente, Él no
nos explica con tanta profundidad Su Palabra, y
con buena razón: Su intención es que tomemos
lo que nos enseña por fe, que vayamos ante Su
presencia y le permitamos al Espíritu Santo que
nos lo revele a nuestros corazones. De esta
forma, no le da pistas al enemigo acerca de su
significado. Dios escribió la Biblia como un libro
de códigos. El libro de Proverbios nos enseña
que Dios ha reservado Su sabiduría divina para
Su gente. Así es como Dios lo ha querido. Sin
embargo, en este pasaje, Dios nos explica un
poco más, y formula la siguiente pregunta:
¿Quién es el que vence al mundo? En otras
palabras, el Señor está diciendo: "Así veo las
cosas: todo aquel que ha nacido de Mí, ha
vencido al mundo; y ¿quién ha vencido al
mundo? El que cree que Jesús es el Cristo, el
Hijo del Dios viviente".

También podríamos leerlo de esta forma:
"Nadie más, sino aquellos que creen que Jesús es
el Cristo, vencerán al mundo". Este mundo no
será vencido por un gobierno, ni por un sistema

político, ni por un sistema monetario. ¡El dinero jamás vencerá al mundo! Cuando la Biblia habla acerca del mundo, se refiere al dominio de las tinieblas, el dios de este mundo, el espíritu maligno —Satanás— que opera en el mundo. Ningún hombre o sistema podrá jamás —de manera, forma o modo alguno— vencer al mundo si no tiene a Jesucristo como su Señor. Nunca podrás lograrlo a menos que nazcas de Dios. Por el contrario, si has *nacido* de Dios, tendrás el derecho absoluto y perfecto, otorgado por Dios y comprado a precio de sangre para triunfar en todos los ámbitos de este mundo —¡y todo lo que se te interponga!—.

> *Ningún hombre o sistema podrá jamás —de manera, forma o modo alguno— vencer al mundo si no tiene a Jesucristo como su Señor.*

Consideremos esa pregunta de nuevo. Esto es lo que debemos comprender: ¿Quién vence al mundo? El que cree que Jesús es el Cristo. ¿Crees que Jesús es el Cristo, el Hijo del Dios viviente? Si es así, entonces estás comprometido a vencer al mundo. Si crees en la Palabra de

Dios, entonces tu actitud debería ser: *¡Alabado sea Dios, soy un ganador!* Ésta debería ser tu actitud, sin importar lo que venga en tu contra. Jesús dijo en Juan 16:33:

Estas cosas les he hablado para que en mí tengan paz. En el mundo tendrán aflicción; pero confíen, yo he vencido al mundo.

En otras palabras, Jesús está diciendo: "El mundo vendrá contra ti con todo lo que tiene, pero no te preocupes: Yo ya vencí al mundo". Jesús no estaba refiriéndose a que había vencido sólo el 99% del mundo. El afirmó: «Yo he vencido *al mundo*». ¡Al cien por ciento! Lo que el mundo haga en tu contra, no cambia nada; tú puedes refugiarte en Jesús porque Él ya ha vencido al mundo.

Ahora nota que Él dijo: «para que en mí tengan paz». Jesús estaba enseñando acerca de ser uno con Él y con el Padre. Él estaba diciéndoles a Sus discípulos que muy pronto el Espíritu Santo vendría y haría cosas que ellos no entenderían en ese momento. Ellos no podían entender lo que significaba estar "en Él". Hoy en día, sin la ayuda del Espíritu Santo, ninguno de nosotros podría entenderlo tampoco. Es necesario que el Espíritu Santo nos revele estas cosas —en especial, la realidad del nuevo nacimiento—. Jesús le habló a Nicodemo acerca de esto, pero él solamente pudo pensar en un hombre regresando al vientre de su madre. Jesús le dijo: «Si les he hablado de cosas terrenales, y no creen, ¿cómo creerán si les hablo de las cosas celestiales?» (Juan 3:12).

Estos hombres no tenían concepto alguno de lo que Jesús estaba por hacer en el Calvario. No tenían idea de que por medio de Su muerte y de Su resurrección, Él iba a ser el primogénito entre los muertos, y crearía una nueva raza de seres humanos quienes estarían en Dios, nacidos de nuevo y llenos del poderoso Espíritu del mismo Dios. Ellos no podían concebir esto cuando Él estaba en la Cruz, ni siquiera aun cuando fue resucitado de entre los muertos. Sólo pudieron entender las Palabras de Jesús en el momento en que el Espíritu Santo vino a ellos el Día de Pentecostés. Luego Pedro se puso de pie, y valientemente predicó la Palabra de Dios por

revelación del Espíritu Santo. ¿Puedes ver el
cambio en su vida?

Entonces, Jesús les enseñó a Sus discípulos y
luego oró por ellos. En Juan 17:1, leemos: «Jesús
habló de estas cosas, y levantando los ojos al
cielo, dijo: "Padre…"». Analicemos algunas de las
cosas por las que oró. En el versículo 13, leemos:

*La Palabra es tu
espada, úsala
para pelear.*

«Pero ahora voy a ti; y hablo
de esto en el mundo, para
que mi gozo se cumpla en
ellos mismos».

Y en el versículo 15, se
nos enseña: «No ruego que los quites del
mundo, sino que los protejas del mal». Puedes
ver cómo debemos vivir *por encima* del mal que
existe en el mundo. Esto está conectado con lo
que Jesús dijo al principio —que en el mundo
tendríamos tribulaciones, pero que tuviéramos
buen ánimo, pues Él había vencido al mundo—.
Luego Jesús hizo la oración que fundamenta la
manera en que Dios hace que vivamos por
encima del mal que existe en el mundo —por
encima de toda tribulación y prueba—.

En el versículo 17, leemos: «Santifícalos en tu
verdad; tu palabra es verdad».

El versículo 20 dice: «Pero no ruego solamente por éstos, sino también por los que han de creer en mí por la palabra de ellos». Jesús estaba orando por ti y por mí en este versículo. Él declaró: "No estoy orando sólo por ellos, sino que además por todos aquellos que crean en Mí por la palabra de ellos".

Todos nosotros recibimos a Jesús por medio de la palabra de uno o más de estos discípulos — ya sea de forma directa o indirecta—. Jesús estaba orando por ti. ¿Qué oró Él? "Apártalos con Tu Palabra". La Palabra de Dios te apartará de la influencia del mundo. La Palabra es tu espada; úsala. Ésta librará su propia batalla. Observa el versículo 18: «Tal como tú me enviaste al mundo, así yo los he enviado al mundo».

Los versículos 20-21:

Pero no ruego solamente por éstos, sino también por los que han de creer en mí por la palabra de ellos, para que todos sean uno; como tú, oh Padre, en mí, y yo en ti, que también ellos sean uno en nosotros; para que el mundo crea que tú me enviaste.

Observa que Jesús dijo: "que todos seremos uno". El apóstol Pablo dijo en 1 Corintios 6:17: «Pero el que se une al Señor, es un espíritu con él». Otra traducción lo explica así: «En cambio, quien se une al Señor Jesús se hace un solo cuerpo espiritual con él» (TLA). La Biblia también nos enseña que somos hueso de Sus huesos; y acabamos de leer que cualquiera que crea que Jesús es el Cristo es nacido de Dios.

Debemos adoptar la misma actitud de Dios. Es necesario que tomemos Sus sentimientos más profundos, que los depositemos dentro de nuestro corazón y que hagamos que nuestra voluntad y nuestra actitud se moldeen a la de Él. Pero, la única manera de lograrlo es actuando conforme a la Palabra. Éste es un llamado mucho más alto, y representa una forma de vida superior que aquella que solamente se somete a Dios. Debemos cambiar por completo nuestras actitudes para que seamos semejantes al Hijo del Dios viviente.

La Palabra dice que hemos sido predestinados para ser conformes a Su propia imagen. Dice que somos uno con Él —un espíritu con Él—. Nos revela que tenemos la mente de Cristo, y que somos hueso de Sus huesos. Gracias a Dios, estamos unidos a Jesús —en espíritu, alma y cuerpo—, por medio del Espíritu Santo y Su Palabra. Somos completa y totalmente UNO con Él, por lo tanto pongámonos en el lugar de Dios por un momento.

¿Existe alguna parte de tu vida en la cual Dios no pueda obrar? ¡Claro que no!

¿Has sorprendido alguna vez a Dios durmiendo? No, la Biblia dice que Él nunca duerme.

¿Alguna vez has acudido a Jesús con un problema que Él no supo cómo resolver? No.

¿Has escuchado alguna vez a Jesús decir: "Bueno, creí que había vencido al mundo, pero obviamente no fue así"? No, ¡por supuesto que no!

Bueno, somos uno con Él. Si ésa es Su actitud, alabado sea el Señor, entonces esa también debería ser la nuestra. ¡Somos vencedores con Él!

Jesús dijo en Mateo 19:26: «...para Dios todo es posible». Todo el mundo sonreirá y estará de acuerdo, pero la misma Biblia, el mismo Jesús, en la misma Palabra de Dios declara: «...Para quien cree, todo es posible» (Marcos 9:23). Si crees en la primera frase, entonces tendrás que creer la segunda.

Tú y yo necesitamos cambiar nuestra perspectiva en lo que respecta a este tema. Somos uno con Él, por tanto, es importante que alineemos nuestra actitud con la de Jesús. Si somos uno con Él en espíritu, uno en mente, y uno con Él en cuerpo, ¡entonces también debemos ser uno con Él en actitud!

¿Y cuál es la actitud de Jesús? Un buen ejemplo lo encontramos en la oración que Jesús nos enseñó en Mateo 6:9-13. Él no hizo esta oración para Sí mismo ni para alguien en particular. Ésta simplemente fue un ejemplo de Su actitud de oración. Él hizo declaraciones directas de fe.

> *Dios no tiene enfermedades en el cielo; por tanto, no quiere ninguna aquí en la Tierra*

«...Padre nuestro, que estás en los cielos, santificado sea tu nombre. Venga tu reino. Hágase tu voluntad, en la tierra como en el cielo» (Mateo 6:9-10). Ésta es una confesión de fe. Muestra Su actitud ganadora. ¡Él estaba parado frente a la gente que lo quería colgar! El no dijo: "Padre, si es Tu voluntad".

MANTÉN UNA ACTITUD GANADORA|71 ■

CONOCE A TU ENEMIGO

Tampoco sólo declaró: "Hágase Tu voluntad". Él dijo: «Hágase tu voluntad, en la tierra *como en el cielo*». ¿Existe la enfermedad, la pobreza y el sufrimiento en el cielo? ¡Por supuesto que no! Entonces tampoco debería existir en la Tierra. ¿Puedes ver Su actitud? Dios no tiene enfermedades en el cielo; por lo tanto, ¡no quiere ninguna aquí en la Tierra!

Nuestra actitud necesita ser la misma. Jesús es el Ganador Eterno —¡Él es siempre un vencedor! Dios te puede decir qué sucederá en los próximos 6.000 años. ¿Por qué? Porque los acontecimientos que ocurrirán en los próximos 6.000 años o en los próximos 6.000.000 de años no pasarán por accidente. Los mismos ya están establecidos. ¿Dónde? En la mente de Dios. Su fe está operando en Su propia habilidad. Él es un ser de fe. Dios puede decirte qué sucederá en el futuro, pues Su deseo es que así ocurra. Él puede darte Su sabiduría, porque todo será de la manera en que Él decida.

¿Cómo lo logra? Con Su fe. Él no está esperando fallar. No se prepara para fracasar. Satanás vendrá y tratará de destruir las cosas, pero

Dios no se preocupa —Él sabe que todo saldrá bien. Así es como debemos ser nosotros. Entrégale todas tus preocupaciones a Él. No te muevas por lo que sientes o por lo que ves. Eres una persona de fe, y por tanto sabes cuál será el resultado final. ¡Vas a ganar! ¡Alabado sea Dios!

CAPÍTULO 6

Viéndome como Dios me ve

6

Viéndome como Dios me ve

La Iglesia —el Cuerpo de Cristo— ha vivido muy
por debajo de sus privilegios. Nosotros hemos
vivido tan por debajo de nuestros privilegios
espirituales, como Israel ha vivido muy por
debajo de sus derechos políticos. Israel debería
ser la cabeza y no la cola. No debería pedirle
prestado a ninguna otra nación en la Tierra; por el
contrario, toda nación debería estar endeudada
con Israel. Eso fue lo que Dios dijo. Bien, de la
misma manera, el Cuerpo de Cristo ha vivido tan
por debajo de sus derechos espirituales.

A través de los años, Dios ejerció Su fe por
nosotros. Él estuvo dispuesto a trabajar por más
de 2.000 años para que Su plan funcionara
correctamente. Durante todo el tiempo que el

mundo estuvo en tinieblas, Dios siguió creyendo
—continuó ejerciendo su fe— no sólo en Sí
mismo, sino además en ti y en mí. En Efesios
4:14-16, leemos:

Para que ya no seamos niños fluctuantes,
arrastrados para todos lados por todo
viento de doctrina, por los engaños de
aquellos que emplean con astucia
artimañas engañosas, sino para que
profesemos la verdad en amor y crezcamos
en todo en Cristo, que es la cabeza, de
quien todo el cuerpo, bien concertado y
unido entre sí por todas las coyunturas que
se ayudan mutuamente, según la actividad
propia de cada miembro, recibe su
crecimiento para ir edificándose en amor.

Dios no dijo que mantendría junto al Cuerpo
de Cristo. Él dijo que lo uniría, y que éste se
mantendría unido, o compactado, con lo que
cada miembro supliera o proveyera para esa
unión. Él tuvo que creer que tú y yo ayudaríamos
en lo que fuera necesario para mantener unido a
ese Cuerpo. Nosotros fracasamos una y otra vez;

no obstante, Dios siguió uniendo y creyendo. Él
nunca declararía palabras de derrota. La teología
gritó: "¡La iglesia está fracasando!". Pero Dios dijo:
"Mi casa se llenará, y las puertas del infierno no
prevalecerán contra ella". La religión estaba
fallando—¡pero no Dios! ¿Puedes ver Su actitud?

**«…Unido entre sí por todas las coyunturas
que se ayudan mutuamente, según la actividad
propia de cada miembro…».** En otras palabras,
el funcionamiento está directamente asociado a la
cantidad, o medida, que toda y cada coyuntura
provea. La cantidad que tú aportas —el poder que
suples— afecta el plan de Dios en su totalidad.
Cualquier cosa que proveas —ya sea nada, algo,
mucho o todo lo que estás
llamado a hacer— afecta a todo
el Cuerpo de Cristo.

> *La cantidad que tú aportas —el poder que suples— afecta el plan de Dios en su totalidad.*

**«…Según la actividad
propia de cada miembro,
recibe su crecimiento para ir edificándose en
amor».** Aquí vemos, otra vez, que Dios no es
quien edifica el Cuerpo —éste debe edificarse a sí
mismo. Algunas personas están esperando que
Jesús regrese para que el Cuerpo se levante sin

mancha o arruga en la Resurrección. Pero el Cuerpo de Cristo se está levantando ahora, y la Biblia nos enseña que Él se presentará a Sí mismo un Cuerpo sin mancha ni arruga. Esto sucederá mientras la Iglesia se edifica a sí misma en amor, crezca en Él y sea lavada en agua por la Palabra.

¿Puedes ver cómo la fe de Dios ha estado operando a través de los años? La Palabra de Dios fue escrita mucho antes de la época del Oscurantismo, pero como la gente no tenía acceso a la misma, la mayoría no pudo nacer de nuevo. Fue ocultada en las profundidades de los monasterios, quedando fuera de su alcance. Sin embargo, Dios siguió creyendo. Él tuvo la fe suficiente y una actitud ganadora para alcanzar a un sacerdote católico llamado Martín Lutero. Este sacerdote comenzó a analizar la Palabra y encontró la siguiente oración: «…El justo por la fe vivirá» (Romanos 1:17). Lutero encontró a Dios a través de esa mini oración, ¡y generó suficiente poder para iniciar un avivamiento que aún sigue avanzando! Dios tenía una actitud ganadora, y rendirse no era una opción. En la actualidad, el evangelio se está predicando en toda nación, ¡sobre la faz de la Tierra!

Tú eres uno con Él en espíritu, tienes la mente de Cristo, eres hueso de Sus huesos; por esa razón, tu actitud también debería ser Su actitud. Y Su actitud es: «Sea hecha Tu voluntad en la tierra, como lo es en el cielo». Empieza a verte a ti mismo como Dios te ve.

Una vez, el Señor me mostró una visión de un hombre con un gran plátano (o banana) en la mano. El hombre comenzó a pelarlo, y mientras lo hacía, pude ver que no había ningún plátano adentro; en el fondo de las cáscaras estaba de pie un hombre pequeño. Y ¡ése era yo! Entonces el Señor me dijo: *Hijo, ésa es la actitud que tienes hacia ti mismo.* Eso era cierto. Yo le presentaba una gran fachada al mundo, pero en realidad me sentía muy pequeño por dentro. El Señor me dijo que yo necesitaba cambiar completamente mi actitud.

Él empezó a enseñarme por medio de Su Palabra qué significaba estar *en* Cristo y tenerlo dentro de mí. Empecé a darme cuenta que un creyente nacido de nuevo es una criatura de Dios que no tiene límites —un motor ilimitado—, lleno de poder, ¡con la vida misma de Dios!

Tú también necesitas cambiar tu actitud, y lo lograrás al renovar tu mente con la Palabra. Deja que Dios se te revele a Sí mismo y te dé esa actitud ganadora —la actitud que vence al mundo— en Cristo Jesús.

Ahora que sabes que Dios no es tu problema, que tienes el mismo poder de Dios a tu disposición para hacerte un vencedor, estás en una posición de crearle más problemas al hacedor de problemas —es decir, Satanás— de los que él pueda soportar. Ahora, puedes colocar a Satanás bajo tus pies, el lugar al que pertenece.

MIS NOTAS

CONOCE A TU ENEMIGO

CONOCE A TU ENEMIGO

Oración para recibir salvación y el bautismo del Espíritu Santo

Padre celestial, vengo a Ti en el nombre de Jesús. Tu Palabra dice: «Y todo el que invoque el nombre del Señor será salvo» (Hechos 2:21). Estoy invocándote, llamándote. Oro y te pido Jesús, que vengas a mi corazón y seas el Señor de mi vida de acuerdo con Romanos 10:9-10: «Si confiesas con tu boca que Jesús es el Señor, y crees en tu corazón que Dios lo levantó de los muertos, serás salvo. Porque con el corazón se cree para alcanzar la justicia, pero con la boca se confiesa para alcanzar la salvación». Yo confieso ahora que Jesús es el Señor, y creo en mi corazón que Dios le resucitó de entre los muertos. ¡Ahora he nacido de nuevo! ¡Soy cristiano, hijo del Dios todopoderoso! ¡Soy salvo! Señor, también dices en Tu Palabra: «Pues si ustedes, que son malos, saben dar cosas buenas a sus hijos, ¿cuánto más el Padre celestial dará el Espíritu Santo a quienes se lo pidan?» (Lucas 11:13). Entonces, te pido que me llenes con Tu Espíritu. Santo Espíritu, crece dentro de mí a medida que alabo a Dios. Espero con expectativa hablar en otras lenguas, según Tú me concedas expresar (Hechos 2:4). En el nombre de Jesús, ¡Amén!

Comienza a alabar a Dios en este instante por llenarte con el Espíritu Santo. Pronuncia esas palabras y sílabas que recibes, no hables en tu idioma, sino en el lenguaje que el Espíritu Santo te esté dando. Debes usar tu propia voz, ya que Dios no te forzará a hablar. No te preocupes por cómo suena, pues ¡es una lengua celestial!

Continúa con la bendición que Dios te ha dado, y ora en el espíritu cada día. Ahora, eres un creyente renacido y lleno del Espíritu Santo. ¡Nunca más serás el mismo!

Busca una iglesia donde se predique la Palabra de Dios con valentía y en obediencia. Busca conectarte con una iglesia que te ame y te cuide, y haz lo mismo por ellos. Necesitamos estar conectados unos con otros. Eso aumenta nuestra fuerza en Dios; es el plan del Dios para todos nosotros.

No dejes de mirar semanalmente nuestro programa *La Voz de Victoria del Creyente,* disponible en varias estaciones de TV y en la internet. Vuélvete un hacedor de la Palabra. Serás bendecido al ponerla en práctica (lee Santiago 1:22–25).

Acerca del autor

Kenneth Copeland es cofundador y presidente de los Ministerios Kenneth Copeland en Fort Worth, Texas, y es autor de varios libros los cuales incluyen *LA BENDICIÓN del Señor enriquece y no añade tristeza con ella*, y *Honor: viviendo en honestidad, verdad e integridad*.

Desde 1967, Kenneth ha ministrado el evangelio de Cristo y enseñado la Palabra de Dios como maestro. Adicionalmente, ha grabado discos como cantante y recibido premios por sus álbumes: *Only the Redeemed* (también nominado al premio Grammy), *In His Presence, He Is Jehovah, Just a Closer Walk*, y su más reciente producción, *Big Band Gospel*. También es coprotagonista, interpretando el papel de *Wichita Slim*, de los videos infantiles: *The Gunslinger, Covenant Rider*, y de la película: *The Treasure of Eagle Mountain*. Asimismo, personificó el papel de *Daniel Lyon* en los videos *Commander Kellie and the Superkids: Armor of Light*, y *Judgment: The Trial of Commander Kellie*. También es coprotagonista, en su papel de padrino hispano, en la película *The Rally* estrenada en el año 2009.

Con la ayuda de oficinas y personal en los Estados Unidos, Canadá, Inglaterra, Australia, Sudáfrica, Ucrania y Singapur, Kenneth está cumpliendo su visión de predicar con valentía la Palabra de Dios no adulterada desde la cima más alta hasta el valle más profundo, y en todos los confines de la Tierra. Su ministerio llega a millones de personas en el mundo a través de programas de televisión semanales, revistas, mensajes en audio y videos de enseñanza, convenciones y campañas, y a través de la red mundial internet.

Para más información acerca de los Ministerios Kenneth Copeland, visita nuestra página web: es.kcm.org.

Cuando el SEÑOR les indicó a Kenneth y Gloria Copeland que iniciaran la revista *La voz de victoria del creyente*, les dijo:

Ésta es su semilla. Envíenla a todo aquel que responda a su ministerio, y ¡jamás permitan que alguien pague por la suscripción!

Ha sido un gozo para los Ministerios Kenneth Copeland compartir las buenas nuevas a los creyentes por más de 40 años. Los lectores disfrutan enseñanzas por ministros que escriben acerca de sus vidas en comunión con Dios, y testimonios de creyentes que experimentan la victoria en su vida diaria a través de la Palabra.

La revista *LVVC* es enviada mensualmente por correo, llevando ánimo y bendición a los creyentes de todo el mundo. Incluso, muchos de ellos la utilizan como una herramienta para ministrar, o la obsequian a otras personas que ¡desean conocer a Jesús y crecer en su fe!

¡Solicita hoy mismo tu suscripción GRATUITA a la revista *La Voz de Victoria del Creyente*!

Visita **es.kcm.org/LVVC**, o llámanos a los teléfonos:

1-800-600-7395 (EE.UU.)
+1-817-852-6000 (Internacional)

Nuestros ministros de **habla hispana** están esperando tu llamada.

¡Estamos aquí para ayudarte!

Tu crecimiento en la PALABRA de Dios y tu victoria en Jesús son el centro mismo de nuestro corazón. Y en cada área en la que Dios nos ha equipado, te ayudaremos a enfrentar las circunstancias que estás atravesando para que puedas ser el campeón que Él planeó que tú seas.

La misión de los Ministerios Kenneth Copeland es que nosotros crezcamos y avancemos juntos. Nuestra oración es que tú recibas el beneficio completo de todo lo que el SEÑOR nos ha dado para compartirte.

Dondequiera que te encuentres, puedes mirar el programa *La Voz de Victoria del Creyente* por televisión (revisa tu programación local) y por la Internet visitando **es.kcm.org/programas**.

Nuestro sitio web: **es.kcm.org**, y nuestro blog **ministerioskennethcopeland. org** contienen material para tu crecimiento. También encontrarás información de contacto para nuestras oficinas internacionales en África, Asia, Australia, Canadá, Europa, Ucrania, y nuestras oficinas centrales en los Estados Unidos de América. Cada oficina cuenta con personal dedicado y preparado para servirte, listo para orar por ti. Puedes comunicarte con la oficina más cercana, o puedes llamarnos para pedir oración a nuestros números en Estados Unidos:

1-800-600-7395 (EE.UU.)
+1-817-852-6000 (Internacional)

Nuestros ministros de **habla hispana** están esperando tu llamada (lunes a viernes de 9:30 a.m. a 5 p.m., hora central EE.UU.), o visita en la web:

es.kcm.org/oracion

Te animamos a que te comuniques con nosotros a menudo y ¡compartas con nosotros tus experiencias diarias de fe!

¡Jesús es el SEÑOR!

Kenneth & Gloria Copeland

Kenneth y Gloria Copeland